BEI GRIN MACHT SICH IHR WISSEN BEZAHLT

Klinische Psychologie.
Risikofaktoren und Entstehung psychischer Störungen

Bibliografische Information der Deutschen Nationalbibliothek:

Die Deutsche Nationalbibliothek verzeichnet diese Publikation in der Deutschen Nationalbibliografie; detaillierte bibliografische Daten sind im Internet über http://dnb.d-nb.de abrufbar.

ISBN: 9783346308481
Dieses Buch ist auch als E-Book erhältlich.

Druck und Bindung: Books on Demand GmbH, Norderstedt Germany
Gedruckt auf säurefreiem Papier aus verantwortungsvollen Quellen

Das vorliegende Werk wurde sorgfältig erarbeitet. Dennoch übernehmen Autoren und Verlag für die Richtigkeit von Angaben, Hinweisen, Links und Ratschlägen sowie eventuelle Druckfehler keine Haftung.

Das Buch bei GRIN: https://www.grin.com/document/958707

Einsendeaufgabe als Sonderprüfung im Modul

Klinische Psychologie I

Inhaltsverzeichnis

Abkürzungsverzeichnis

ICD   International Statistical Classification of Diseases and Related Health Problems

DSM   Diagnostic and Statistical Manual of Mental Disorders

Bspw.   Beispielsweise

Bsp.   Beispiel

z.B.   zum Beispiel

bzgl.   bezüglich

d.h.   das heißt

usw.   und so weiter

u.a.   unter anderem

Vgl.   Vergleiche

z.T.   zum Teil

ggf.   gegebenenfalls

S.   Seite

u.U.   unter Umständen

s.o.   siehe oben

Abbildungsverzeichnis

1. Teilaufgabe 1 – Bedeutung von Risikofaktoren für die Entstehung von psychischen Störungen

Psychische Störungen setzten sich aus den Beeinträchtigungen in den Bereichen Verhalten, kognitive Denkprozesse und Emotionen zusammen, die zu einem persönlichem Leidensdruck beim Betroffenen führen oder aber die Fähigkeit zur Zielerreichung einer Person abblocken. Die Brandbreite psychischer Funktionsweisen, die beeinträchtigt sein können und psychische Störung bzw. Psychopathologie genannt werden können, ist groß (Vgl., Roos et al., 2018, S. 547).

Der Forschungsbereich in der Psychologie, der sich mit Pathologien der Emotionen, des Geistes und des Verhaltens beschäftigt, nennt sich **Klinische Psychologie** (Vgl., Roos et al., 2018, S. 548). Ein Aufgabengebiet der klinischen Psychologie ist zudem im Rahmen der psychischen Erkrankungen, das Auseinandersetzten mit der Ätiologie psychischer Störungen. Das bedeutet, das Untersuchen welche Faktoren das Entstehen von psychischen Problemlagen bedingen oder deren Ausbreitung begünstigen. Werden die Ursachen für eine psychische Störung bzw. Erkrankung aufgedeckt und erkannt, so lassen sich passende Behandlungsansätze und passgenaue Interventionen einleiten. Ferner ist es möglich psychischen Erkrankungen präventiv zu begegnen (Vgl., Roos et al., 2018, S. 555 f). Im Anschluss lassen sich in diesem Zusammenhang multiple Ansätze zur Entstehungserklärung psychischer Störungen heranziehen (Vgl., Roos et al., 2018, S. 556). So geht der biologische Ansatz davon aus, dass „psychische Störungen direkt auf die ihnen zugrunde liegenden biologischen Faktoren zurückgeführt werden können" (Roos et al., 2018, S. 556). Eng verknüpft an biologische Ansätze sind demzufolge kognitive Prozesse des Gehirns, sowie genetische Aspekte des Menschen. Ebenso werden psychologische Ansätze in der klinischen Psychologie genutzt, welche in mehrere Untermodelle aufgeteilt oder kategorisiert werden können. Das psychodynamische Modell beispielsweise, geht ähnlich wie das biologische Modell davon aus, dass die Ursachen psychischer Störungen eines Individuums im Innern einer Person zu finden ist. Diese Ursachen sind nach dem freudschen Modell jedoch nicht biologischer Natur, sondern psychologischer Natur im Innern der jeweils betroffenen Person. Die psychodynamische Theorie Freuds besagt, dass psychische Störungen demzufolge durch Gedanken und Uneinigkeiten, die intrapersonell ablaufen und der Person selbst nicht bewusst sind, entstehen. Hierdurch entsteht ein interpersoneller Konflikt zwischen diesen inneren Zuständen, was andere Störungen begünstigen kann (Vgl., Roos et al., 2018, S. 556). Ein weiteres den psychologischen Modellen zugehöriges Modell ist das behaviorale Modell. Dieses

Modell ist der Verhaltenstheorie zuzuschreiben und konzentriert sich auf ausschließlich beobachtbares Verhalten. Das behaviorale Modell geht davon aus, dass gestörte Verhaltensweisen ebenso erworben werden können wie normale Verhaltensweisen, also durch Lernen und Verstärkung. Laut der Verhaltenstheorie treten psychische Störungen demnach deshalb auf, weil die Betroffenen sich im Laufe ihres Lebens inadäquate für sie unvorteilhafte und gefährliche Verhaltensweisen angeeignet haben, diese lassen sich jedoch im Umkehrschluss genauso wieder abtrainieren, eben durch Lernen und Verstärkung (Vgl., Roos et al., 2018, S. 556 f). Das kognitive Modell geht davon aus, dass die Selbstwahrnehmung Betroffener, deren Wahrnehmung anderer Individuen in deren eigener Umgebung, sowie die Wahrnehmung verschiedener Umweltaspekte ihrer gedanklichen Repräsentationen über diese Aspekte Einfluss auf die Entstehung psychischer Problematiken oder Störungen nehmen. Der Konflikt hierbei liegt in der vermeintlichen Annahme über eine Situation sowie in fälschlichen Rückschlüssen. Außerdem geht dieses Modell davon aus, dass Betroffene Schwierigkeiten haben adäquate Lösungsstrategien zu entwickeln und diese in Situationen anzuwenden. Die kulturelle Dazugehörigkeit, ein nicht unwichtiger Punkt findet ebenfalls eine Einbettung in den psychologischen Modellen. Das soziokulturelle Modell nimmt zum Abschätzen abnormen Verhaltens die jeweils zugehörige Kultur als Bewertungsmaßstab. Dies lässt sich so erklären, dass verschiedenste Verhaltensweisen in verschiedensten kulturellen Räumen unterschiedlich vorkommen und interpretiert werden. Ein in diesem Zusammenhang nicht unwichtiger Punkt ist, dass gewisse, vorherrschende kulturelle Gegebenheiten das Auftreten pathologischer Verhaltensweisen begünstigen und verstärken können (Vgl., Roos et al., 2018, S. 557). Im Zusammenhang mit psychischen Störungen gilt zu berücksichtigen, dass einseitige Faktoren in ihrer Aussagekraft oftmals nicht ausreichend sind und dass verschiedene Faktoren und Variablen sich gegenseitig beeinflussen können. So sind die Entstehungen psychischer Erkrankungen stets in ihrer multiplen Komplexität zu betrachten. Werden in der Wissenschaft Risikofaktoren für die Entstehung psychische Erkrankungen gesucht sind Experimente oftmals die Methodik der Wahl in der Psychologie. Jedoch werden Experimente, die mit belastenden Faktoren auf den Betroffenen einwirken aus ethischen und moralischen Gründen nicht durchgeführt. Natürliche menschengemachte Ereignisse wie Kriege, Naturereignisse sowie prospektive Langzeitstudien können der Wissenschaft jedoch durchaus Auskünfte über belastende Faktoren geben. Diese Auskünfte können allerdings nicht grundsätzlich für die Entstehung einer psychischen Erkrankung herangezogen werden, da in diesem Fall noch viele weitere Variablen eine Rolle spielen und einwirken (Vgl., Caspar et al., 2018, S. 32). Ferner sollte die Entstehung einer psychischen Störung immer als ein multikausales Zusammenspiel einzelner Faktoren und Variablen gesehen werden, welche den Weg zu deren Entstehung ebnen (Vgl., Caspar et al., 2018, S. 35).

Im folgenden Abschnitt werden **Risikofaktoren**, die die Entstehung psychischer Störungen begünstigen thematisiert. So beschreibt Rothgangel (2010) den Begriff Risikofaktoren mit dem Satz „Risikofaktoren sind Faktoren, die die Wahrscheinlichkeit für das Auftreten einer Erkrankung erhöhen" (Rothgangel et al., 2010, S. 4). Eine Besonderheit bei Risikofaktoren ist, dass sich diese bei nicht allen Individuen gleichermaßen direkt zu einer Erkrankung oder Beeinträchtigung führen (Vgl., Rothgangel et al., 2010, S. 4).

In folgender Abbildung wird nun das Vulnerabilitäts-Stress-Modell (auch „Fassmodell" genannt) anhand einer Abbildung beschrieben.

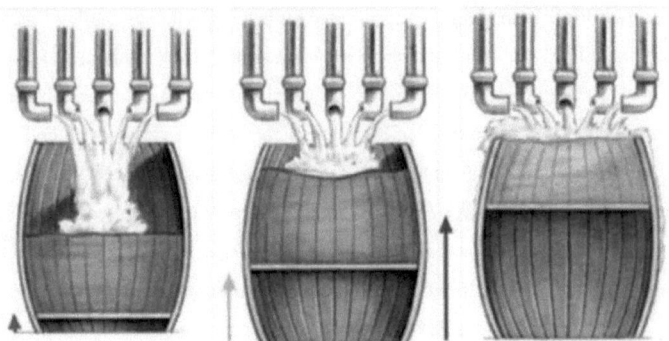

Abbildung 1: Vulnerabilitäts-Stress-Modell (Fassmodell)
Quelle: https://docplayer.org/18574311-Angststoerungen-icd-10-f40-f41.html, abgerufen am 22.08.2020 um 18:34 Uhr

Die klinische Psychologie entwarf mit dem Vulnerabilitäts-Stress-Modell, ein Modell, dass einfach, aber deutlich zeigt, einfach gesagt, wie manche Individuen besser mit Stress umgehen als andere. So setzt das Vulnerabilitäts-Stress-Modell erlernte Verhaltensmuster und die genetischen Veranlagungen in Beziehung. Daraus lässt sich ableiten, dass Individuen die weniger gefährdet sind andere Voraussetzungen gegenüber Stress haben. An dieser Stelle ist jedoch zu betonen, dass Menschen mit einer hohen Verletzlichkeit nicht automatisch an einer psychischen Störung erkranken, da manche Menschen besonders viele protektive Faktoren aufweisen, die sie vor so einer Erkrankung schützen (Vgl., Mauritz, o.J.).

Das Modell in der Abb. 1 ist wie ein Fass zu verstehen, es wird Stressfass genannt. Es zeigt wieviel Stress ein Mensch aushalten kann, bevor es zu einer psychischen Erkrankung kommt. Das Fall ist mit vielen Stressoren und belastenden Situationen aus Vergangenheit und Gegenwart gefüllt. Es gibt Menschen, bei denen der Fassboden höher ist und es gibt Menschen, bei denen der Fassboden niedriger ist, dies bedeutet ein hoher Fassboden bedingt ein geringeres Fassungsvermögen. Ein geringeres Fassungsvermögen, hat ein schnelleres Überlaufen zur Konsequenz, also droht eine hohe Gefährdung an einer psychischen Störung zu erkranken (Vgl., Mauritz, o.J.).

Es gibt unzählige Risikofaktoren, die ein Auftreten einer psychischen Erkrankung fördern. So zählen Egle et al. (1997) folgende psychosoziale Risikofaktoren für die Entstehung psychischer Störungen in Abb. 2 auf.

- ➤ Chronische Disharmonie und Beziehungspathologie innerhalb der Familie
- ➤ Psychische Störungen der Mutter oder des Vaters
- ➤ Häufig wechselnde frühe Beziehungen
- ➤ Kriminalität oder Dissozialität eines Elternteils
- ➤ Schwere körperliche Erkrankungen der Mutter oder des Vaters
- ➤ Schlechte Schulbildung der Eltern
- ➤ Große Familien
- ➤ Wenig Wohnraum
- ➤ Verlust der Mutter
- ➤ Alleinerziehende Mutter
- ➤ Mütterliche Berufstätigkeit im ersten Lebensjahr
- ➤ Autoritäres väterliches Verhalten
- ➤ Schlecht ausgeprägte Kontakte zu Gleichaltrigen
- ➤ Altersabstand zum nächsten Geschwister geringer als 18 Monate
- ➤ Unerwünschtheit
- ➤ Uneheliche Geburt
- ➤ Junge Mutter bei Geburt des ersten Kindes

Abbildung 2: Risikofaktoren
Quelle: Eigene Darstellung in Anlehnung an Häfner, S., Franz, M., Lieberz, K. et al. (2001)

Schutzfaktoren spielen gegenüber Risikofaktoren eine sehr wichtige Rolle, da sie u.U. die Entstehung einer psychischen Erkrankung verhindern können. Sie sind z.B. in der Lage die Resilienz und die Vulnerabilität einzelner Individuen zu fördern. Die Wirkweise von Schutzfaktoren findet auf unterschiedlichen Wegen statt, so schwächen oder verändern sie das Risiko z.B. ab und reduzieren durch eine vitale Selbstzufriedenheit und Selbstachtung negative Folgereaktionen. Maßgeblich trägt die allgemeine Lebenszufriedenheit dazu bei, weniger an einer psychischen Störung zu erkranken, so Wissenschaftler. Die allgemeine psychische Verfassung eines jeden Individuums ist davon abhängig, wie viele und welche kognitiven Ressourcen ein Individuum mit sich bringen kann, um eine Situation oder Anforderung adäquat lösen zu können (Vgl., Egle et al., 1997, S. 683 f).

Empirisch wurde der Einfluss von Risiko- und Schutzfaktoren auf das Entstehen einer psychischen Störung schon mehrfach in unzähligen Untersuchungen bestätigt und belegt. So auch die Studie von Werner (Vgl., Werner, 1992).

Dabei wurde ein gesamter Geburtenjahrgang auf der hawaiianischen Insel Kauai ab der pränatalen Entwicklungsphase für 30 Jahre lang untersucht (n=698). Während der Beobachtung achteten die Wissenschaftler speziell auf Risiko- und Schutzfaktoren, sowie auf die Resilienz, also die Widerstandskraft. Die Studie von Werner zählt zu den sogenannten Längsschnittstudien (auch Longitudinalstudien) (Vgl., Egle et al., 1997, S. 684). Von den 698 teilnehmenden Kindern wuchsen 55% besagter in Armut auf. Pränatalen oder Perinatalen Stress waren durchschnittlich ca. 10% der Kinder ausgesetzt, d.h. es wurden Komplikationen während der Schwangerschaft, der Wehen oder der Geburt beobachtet. Während den ersten zehn Lebensjahren während der Kauai-Studie manifestierten sich bei 20% der teilnehmenden Kinder ernstzunehmende Lern- oder Verhaltensprobleme. So zeigte die Studie, dass bereits die doppelte Anzahl von Kindern im Alter von zehn Jahren Nachhilfe, insbesondere aufgrund schwerwiegender Leseschwierigkeiten, benötigten. 15% der der Jugendlichen wiesen in der Studie im Alter von 18 Jahren eine gewisse Delinquenz in Form von begangenen Straftaten auf, während 10% bereits psychische Probleme entwickelten (Vgl., Werner, 1992, S. 262 f).

Ferner liefern unzählige Zwillings-, Familien- und Adoptionsstudien Informationen auf genetische Risikofaktoren für den Beginn einer psychischen Störung. So zeigte eine Studie eine sichtbar erhöhte Konkordanzrate für eine Schizophrenie und eine bipolare Störung, im Vergleich zu zweieiigen Zwillingen. Auch bei eineiigen Zwillingen ist eine nicht unbedeutsame Varianz zu beobachten. Dies zeigt, dass das Entstehen einer psychischen Störung nicht lediglich auf genetische Faktoren zurückgeführt werden kann, sondern oft auch in der Interaktion mit signifikanten Umweltbedingungen betrachtete werden muss (Vgl., Berking & Rief, 2012, S. 21). Bedeutsame Informationen in Bezug auf den Einfluss biologischer Risikofaktoren zur Entstehung psychischer Störungen lieferten außerdem die Wissenschaftler Yule, Rutter, Tizard, Whitemore & Graham im Rahmen ihrer epidemiologischen Isle of White Studien im Zeitraum von 1964 bis 1974. Im Rahmen dieser Untersuchungen wurden sämtliche Kinder der Isle of White im Alter bis 15 Jahren untersucht. Die empirischen Untersuchungen der Wissenschaftler belegten die Korrelation zwischen psychiatrischen Auffälligkeiten und neurologischen Störungen (Vgl., Holtmann, 2008, S. 86).

Schutzfaktoren senken die Auftretenswahrscheinlichkeit von Störungen beim Vorliegen von Belastungen um ein Vielfaches. Protektive Faktoren lassen sich in zwei Cluster kategorisieren, zum einen gibt es interne Faktoren, zum anderen externe Faktoren. Zu den internen Schutzfaktoren zählen u.a. günstige genetische Konstellationen, wie z.B. ein ruhiges Temperament oder die Intelligenz. Externe Schutzfaktoren, wie z.B. ein gesunder Lebenswandel, das Nachgehen einer Arbeit oder gesunde, stabile, soziale Beziehungen werden den externen Schutzfaktoren zugeteilt (Vgl., Petermann et al., 2018, S. 100). Die nachfolgende Abbildung zeigt eine

Zusammenfassung empirisch gesicherter Schutzfaktoren im Hinblick auf die Entstehung psychischer, sowie psychosomatischer Erkrankungen.

> Dauerhafte, gute Beziehung zu mindestens einer primären Bezugsperson
> Großfamilie/kompensatorische Elternbeziehungen/Entlastung der Mutter
> Gutes Ersatzmilieu nach frühem Mutterverlust
> Überdurchschnittliche Intelligenz
> Robustes, aktives und kontaktfreudiges Temperament
> Sicheres Bindungsverhalten
> Soziale Förderung
> Verlässlich unterstützende Bezugsperson im Erwachsenenalter
> Lebenszeitlich späteres Eingehen schwer auflösbarer Bindungen

Schutzfaktoren

Abbildung 3: Schutzfaktoren
Quelle: Eigene Darstellung in Anlehnung an Egle, Hoffmann, Steffens (1997) S.693

Ein Vorliegen von **Schutzfaktoren** führt automatisch zur Festigung bzw. Entstehung von Resilienz. Resilient ist das Gegenstück zur Vulnerabilität und beschreibt die im Laufe des Lebens entstandene Widerstandskraft eines Individuums gegenüber dem negativen Einfluss von Risikofaktoren (Vgl., Petermann et al., 2018, S. 101). D.h. die Fähigkeit, widrige Zustände zufriedenstellend zu meistern und aus diesen Zuständen unbeschadet daraus hervorzugehen sowie adäquate Bewältigungsstrategien zu entwickeln. Resilient versteht sich jedoch in keiner Weise als stabiles Persönlichkeitsmerkmal, sie ist vielmehr zeitlich, situativ sowie von Lebensbereich zu Lebensbereich variabel und anpassungsfähig (Vgl., Oerter et al., 2011, S. 303) So beschäftigt sich die Forschung um das Thema Resilienz mit dem Identifizieren von protektiven Faktoren, mit deren Zusammenwirken und darüber hinaus mit der Entwicklung von Interventions- und Präventionsansätzen zur Stärkung von Schutzfaktoren (Vgl., Bengel & Lyssenko, 2012, S. 28).

2. Teilaufgabe 2 – Einfluss sozialer Unterstützung und dysfunktionaler Kognition auf die Entstehung und Aufrechterhaltung psychischer Störungen

Soziale Unterstützung stellt einen wichtigen Faktor in Bezug auf die psychische und physische Gesundheit dar. So beschreibt sie die Wahrnehmung, dass andere Individuen in ihrer Lebenswelt die Bedürfnisse eines einzelnen Individuums erkennen und darauf adäquat reagieren. Als für Menschen hilfreich gilt die soziale Unterstützung vor allem in schwierigen Lebenslagen und Stress- oder Krisensituationen (Vgl., Petermann et al., 2018, S. 55 f).

Das Haupteffektmodell postuliert, dass soziale Unterstützung in Alltags- sowie Krisensituationen positiv auf das psychische Wohlbefinden einwirken. Menschen, die ein stabiles und gefestigtes Netzwerk an sozialer Unterstützung vorweisen, zeigen in Stress- und Krisensituationen eine geringere Belastungsreaktion als Menschen mit einem unzureichenden Netzwerk. Eine Untersuchung im medizinischen Kontext zeigte eine dreimal höhere Mortalitätsrate bei Patienten mit koronaren Erkrankungen und fehlender sozialer Unterstützung (Vgl., Kasten & Schönberg, 2016, S. 159 f).

Auch die Pufferhypothese beschäftigt sich mit dem Thema der sozialen Unterstützung. Sie besagt, dass Menschen auf soziale Unterstützung anderer Menschen angewiesen sind. Soziale Unterstützung ist laut dieser These v.a. in Stresssituationen ein wichtiger Puffer für Menschen, da sich die negativen Folgen des erlebten Stresses vermindern, wenn ein tragfähiges soziales Netzwerk vorliegt. Die Wirkung von sozialer Unterstützung lässt sich in zwei Kategorien kategorisieren. Zum einen kann der Beistand anderer Personen als weniger stressauslösend wahrgenommen wird. Zum anderen kann soziale Unterstützung den Umgang mit Stressoren und anstrengenden Problemlagen erleichtern (Vgl., Petermann et al., 2018, S. 56).

Die Einwirkung sozialer Unterstützung auf den Menschen wurde in mehreren Studien empirisch dargestellt. So z.B. die Studie von Saltzman und Holahan. Die Daten, die aus der Studie zu entnehmen sind, wurden von insgesamt 300 Studenten erhoben. Unter Aufsicht und zu zwei verschiedenen Zeitpunkten wurden die Daten, mit fünf Wochen Abstand, in Gruppen von 15-20 Personen erhoben. Die Ergebnisse zeigen, dass soziale Ressourcen, wie z.B. Unterstützung durch die Eltern oder die Peergruppe, die Selbstwirksamkeit und effektive Coping Strategien fördern und dadurch depressive Symptome reduzieren. Zudem unterstützen die Ergebnisse die Theorie, dass soziale Unterstützung positiv mit psychischer Gesundheit korreliert. Die

Ergebnisse stützen auch ältere Studien, welche postulieren, dass Selbstwirksamkeit mit besserer psychologischer Funktionsweise zusammenhängt (Vgl., Saltzman & Holahan, 2002, S. 312 f, 318).

Soziale Unterstützung wird von Menschen zu Menschen in ihrer Spezifikation unterschiedlich und interindividuell wahrgenommen. Ferner kommen geschlechtsspezifische Unterschiede hinzu, welche in Laborexperimenten Beachtung fanden. So zeigten Experimente, dass soziale Unterstützung durch die Partnerin bei Männern, die Stressreaktion vor einem standardisierten Stresstest geringer ausfiel als ohne jegliche soziale Unterstützung. Umgekehrt zeigten Frauen keine stressdämpfenden Effekte bei vorliegender sozialer Unterstützung durch den Partner (Vgl., Ehlert, 2011, S. 294).

Eine andere Längsschnittstudie betrachtete Defizite in der sozialen Unterstützung als Prädiktoren für Depression und ob eine Depression zu einer Verminderung von sozialer Unterstützung führt. Die zu untersuchenden Personen bestanden aus adoleszenten Mädchen (n = 496) zwischen 11-15 Jahren. So erhielten für die Untersuchung geeignete Mädchen eine postalische Umfrage und nahmen zusätzlich an einem Interview teil. Erhoben wurden die Daten zu drei verschiedenen Zeitpunkten, nach einem und nach zwei Jahren. Insgesamt zeigte sich, dass das selbstwahrgenommene Defizit der elterlichen Unterstützung eine perspektivische Erhöhung depressiver Symptome oder den Anfang einer Depression vorhersagten. Mangelnde wahrgenommen Unterstützung der Peergruppe hatte einen solchen Einfluss nicht. Die Ergebnisse stützen demnach die Annahme, dass eine mangelnde soziale Unterstützung das Risiko für eine Depression erhöht. Dieser Erkenntnis gegenüber steht das Ergebnis, dass eine Depression eine Verminderung der wahrgenommenen sozialen Unterstützung der Peergruppe vorhersagte, allerdings keine Verminderung der wahrgenommenen elterlichen Unterstützung (Vgl., Stice et al., 2004, S. 155-158).

Dysfunktionale Kognitionen stellen im kognitiv-behavioralen Modell das zentrale Element zur Erklärung psychischer Störungen dar. Das Modell beschreibt, wie Individuen ihre Erlebnisse und Ereignisse auf kognitiver Ebene strukturieren. Nach dem kognitiv-behavioralen Modell führen externe Belastungen wie z.B. traumatische Erlebnisse oder Ereignisse nicht zu einer Belastung des Individuums. Im Laufe eines Lebens erwerben alle Individuen Einstellungen, Werte und Schemata. Zeigen sich diese dysfunktional, können für das Individuum ungünstige

Interpretationen von Ereignissen und Erlebnissen entstehen. Diese wiederrum führen zu negativen und belastenden Emotionen bei Betroffenen. Als besonders relevant sind hierbei die kognitiven Prozesse das sich Sorgen und Grübeln. Neigen Individuen zu einem übermäßigen Grübeln, erleben diese häufig schwerere und längere dysphorische Phasen, zudem lehnt dieser Personenkreis häufig dem Grübeln entgegenwirkende Interventionen ab, als der Personenkreis der weniger grübelt (Vgl., Ertle et al., 2009, S. 44 f). Die kognitive Therapie vertritt die Ansicht, dass dysfunktionale Schemata und Kognitionen eine wichtige Rolle für die Entstehung und Aufrechterhaltung psychischer Störungen spielen. Zu den dysfunktionalen Schemata und Kognitionen zählen v.a. Fehlinterpretationen, negative Bewertungen und Wahrnehmungsverzerrungen. Die kognitive Therapie zielt auf eine Veränderung der dysfunktionalen Kognitionen ab, dadurch entsteht im Idealfall eine anhaltende therapeutische Verbesserung (Vgl., Mühlig & Poldrack, 2011, S. 545).

Eine weitere sich mit Kognitionen beschäftigende Theorie, ist die Theorie der kognitiven Dissonanz. Die Theorie nimmt an, dass wahrzunehmende Wiedersprüche zwischen der Eigenvorstellung und der erlebbaren Realität schwer auszuhalten sind und somit eine Dissonanz-Reduktion auslöst. Eine Dissonanz-Reduktion wird bspw. durch das Anpassen der eigenen Kognitionen und/oder durch das Uminterpretieren der Realität ausgelöst (Vgl., Mühlig & Poldrack, 2011, S. 545).

Die vorerst nur auf die Behandlung von Depressionen spezialisierte kognitive Therapie nach Beck, wurde auf einige weitere psychische Störungen, wie z.B. Angststörungen, Suchterkrankungen und Persönlichkeitsstörungen ausgedehnt. Die Annahme der kognitiven Therapie nach Beck ist eine maladaptive Informationsverarbeitung, welche sich in einer negativen Verzerrung der wahrnehmenden Realität zeigt. Die maladaptive Informationsverarbeitung gilt als ausschlaggebend für das Entstehen und Aufrechterhalten psychischer Erkrankungen. So ist das Denken depressiver Personen demnach durch kognitive Fehler und Denkfehler gezeichnet. Diese kognitiven Fehler und Denkfehler werden der Theorie nach durch negative Schemata bedingt, welche Beck als negative Grundannahmen betitelt. Unvorteilhafte Schemata führen das Denken in einer sich selbst aufrechterhaltenden Weise. So führt die eigene aktivierte Grundannahme des Gedankens „Ich bin wertlos" dazu, dass die negative Gemütslage einer anderen Person als persönliche Ablehnung attribuiert wird. Dies bestätigt dann die Grundannahme „Ich bin wertlos" (Vgl., Radkovsky & Berking, 2012, S. 37 f).

14

Eine Studie untersuchte die „response style theory", diese besagt, dass Grübeln als Reaktion auf depressive Stimmung, die Depression verlängert und verschlimmert. Für die Studie wurden depressive Patienten (n=52) zu drei Zeitpunkten herangezogen und befragt. Die Zeitpunkte wurden wie folgt aufgeteilt, während des stationären Aufenthalts einer Klinik, vier Wochen nach der Entlassung und vier Monate nach der Entlassung. Kurzum zeigen die Ergebnisse der Studie, dass Grübeln einen negativen, verschlechternden Einfluss auf die perspektivische Länge und Schwere der Depression hat (Vgl., Kuehner & Weber, 1999, S. 1323-1331).

Dysfunktionale Kognitionen haben also einen bedeutungsvollen Einfluss auf die Aufrechterhaltung und v.a. auf die Entstehung psychischer Störungen. Um Kognitionen betroffener Individuen umzustrukturieren, um so die Dysfunktionalität einzelner Schemata und Kognitionen aufzubrechen empfiehlt sich eine geeignete Kognitive Verhaltenstherapie.

3. Teilaufgabe 3 – Schritte des diagnostischen Prozesses im Rahmen psychotherapeutischer Intervention

Die **psychologische Diagnostik** gilt als eigenständige wissenschaftliche Disziplin. Sie erlangt durch verschiedene Methoden, Verfahren und Strategien Daten, die zur Entscheidungsfindung herangezogen werden. Die Klinische Psychologie und Psychotherapie bedient sich an verschiedenen z.T. überlappenden Aufgaben der Diagnostik einschließlich des diagnostischen Kontexts. Hierzu zählen u.a. die klassifikatorische Diagnostik wie z.b. die Diagnostik psychischer Störungen, die Zuweisung von ICD-10- und DSM-IV-Diagnosen auf den verschiedenen Achsen. Auch die dispositionelle Diagnostik wie die Persönlichkeitsdiagnostik und die biographische Diagnostik, wie z.b. die einheitliche Beschreibung der Person und ihrer Vergangenheit zählen zum diagnostischen Prozess. Ferner sind im Zusammenhang der diagnostischen Aufgaben noch die funktionale Diagnostik mit der Durchführung von Verhaltensanalysen, die Verlaufs- und Prozessdiagnostik sowie Indikationsaufgaben zu nennen (Vgl., Wittchen & Hoyer, 2011, S. 384).

Die wohl bedeutendsten Aufgaben der klinisch-psychologischen Diagnostik sind die Beschreibung der vorliegenden Problematik auf qualitativer sowie quantitativer Ebene, also die Erhebung der Symptome inklusive, der Dauer, Intensität und Häufigkeit sowie die Faktoren, welche die Symptome verschlimmern, aufrechterhalten oder verbessern. Hinzu kommt die Klassifikation der Störung, um so einen professionellen Austausch zu ermöglichen und herbeizuführen. Eine Klassifikation gibt ferner Hinweise für eine Indikation und Differenzialindikation bezüglich der Behandlung. Eine Exploration der Lebensgeschichte hinsichtlich des Verlaufs und der Entstehung der Störung, ist für eine individuelle Planung der Behandlung von großer Bedeutung. Die Verlaufsbeobachtung der eingeleiteten oder durchgeführten Intervention und der Symptomatik, stellt für den erstellten Therapieplan, der nicht bis zum Ende der eingeleiteten Therapie seine Gültigkeit beibehält, ebenfalls eine Rolle. Zum Schluss ist noch die Überprüfung des Therapieerfolgs, also eine Evaluation einzuleiten (Vgl., Schmidt-Atzert et al., 2012, S. 504 f).

Der diagnostische Prozess im Rahmen der klinischen Psychologie beinhaltete neben der Frage ob eine Störung und welche Störung vorliegt, auch die Frage nach der Ausprägung der Symptomatik und die entstandenen Beeinträchtigungen die durch diese Störung hervorgerufen wurden. So lässt sich der diagnostische Prozess in zwei Bereiche kategorisieren, einmal in den Bereich der kategorialen Klassifikation und in den Bereich der dimensionalen Klassifikation.

Anlass für einen diagnostischen Prozess ist der subjektiv empfundene Leidensdruck von Individuen, wodurch das allgemeine Wohlbefinden reduziert ist. Beschwerden können vorübergehend sein (z.b. Situationsspezifische „normale" Beschwerden, z.B. Niedergeschlagenheit nach Misserfolgen) oder auf eine Störung hinweisen. Zudem stellt der diagnostische Prozess einen Prozess zwischen Hypothesengenerierung und Hypothesenprüfung dar. Fortlaufend werden während des Informationssammelns Hypothesen gebildet, welche im weiteren Verlauf einer Prüfung und Validation unterliegen. Diagnostische Irrtümer bilden in der klinischen Psychologie eine Tücke, um diese zu verhindern sind Kenntnisse über Symptomatiken psychischer Störungen sowie über die Vergabe von Diagnosen unabdingbar. Symptome lassen sich in drei Bereiche einteilen: Leit- oder Kernsymptome, welche typische Symptome darstellen und welche mit hoher Wahrscheinlichkeit auf eine Störung hinweisen, fakultative/akzessorische Symptome, welche alternativ oder wahlweise auftreten können, sowie unspezifische Symptome, also Symptome die gleichzeitig bei vielen unterschiedlichen Störungen auftreten können. Ein gehäuftes Zusammentreffen vieler typischer Symptome, wird Syndrom genannt. Die zusammenfassende Betrachtung der Symptomkonstellation stellt am Ende die Diagnose dar (Vgl., Schmidt-Atzert et al., 2012, S. 504 f).

Marius M., 16 Jahre alt, Schüler einer Förderschule klagt seit mehreren Wochen über schwerwiegende Probleme. Diese Probleme führen ihn in Begleitung seiner Mutter zu einem Kinder- und Jugendlichenpsychotherapeuten. In der psychotherapeutischen Praxis erzählt Marius dem Psychotherapeuten von seinen aktuellen Problemen. Marius leidet seit einiger Zeit unter einer dauerhaft anhaltenden Niedergeschlagenheit, diese äußert sich vor allem in der Schule, wo er sich aufgrund seiner starken Müdigkeit kaum noch konzentrieren kann. Marius berichtete davon, dass er oft erst gegen drei oder vier Uhr in der Nacht einschlafen könne. Wenn er im Bett liegt, gehen ihm viele Sachen durch den Kopf, er grübelt viel und mache sich Sorgen. Ferner gibt Marius an, dass er weniger Freude und Spaß empfinden würde, wenn er sich z.B. mit seinen Freunden zum Fußball spielen trifft. Früher habe er gerne und regelmäßig mit seinen Freunden Fußball gespielt, seitdem er sich darauf nicht mehr freuen kann, trifft er sich nur noch sehr selten zum Fußball spielen und verbringt die meiste Zeit zuhause. Die Mutter berichtete dem

Psychotherapeuten, dass Marius nur noch Zuhause sitzt und an starker Freudlosigkeit und ei-

nem starken Interessensverlust leidet. Er kapselt sich von immer mehr Freunden ab. Ferner

erzählt sie, dass sie sich nicht erinnern könne, wann sie ihren Sohn das letzte Mal lachen gese-

hen hat. Zudem hat Marius einen verringerten Appetit, weswegen er mehrere Kilogramm in

kürzester Zeit an Gewicht verloren hat. Marius und seine Mutter geben weiter an, dass Marius

bereits in der Vergangenheit immer wieder solche Phasen durchlebte. Als er z.b. aufgrund sei-

ner schlechten schulischen Leistung auf die Förderschule wechseln musste, wurde er stark von

Mitschülern gemobbt. Auch während dieser Zeit zeigte Marius laut seiner Mutter die oben ge-

nannten Symptome.

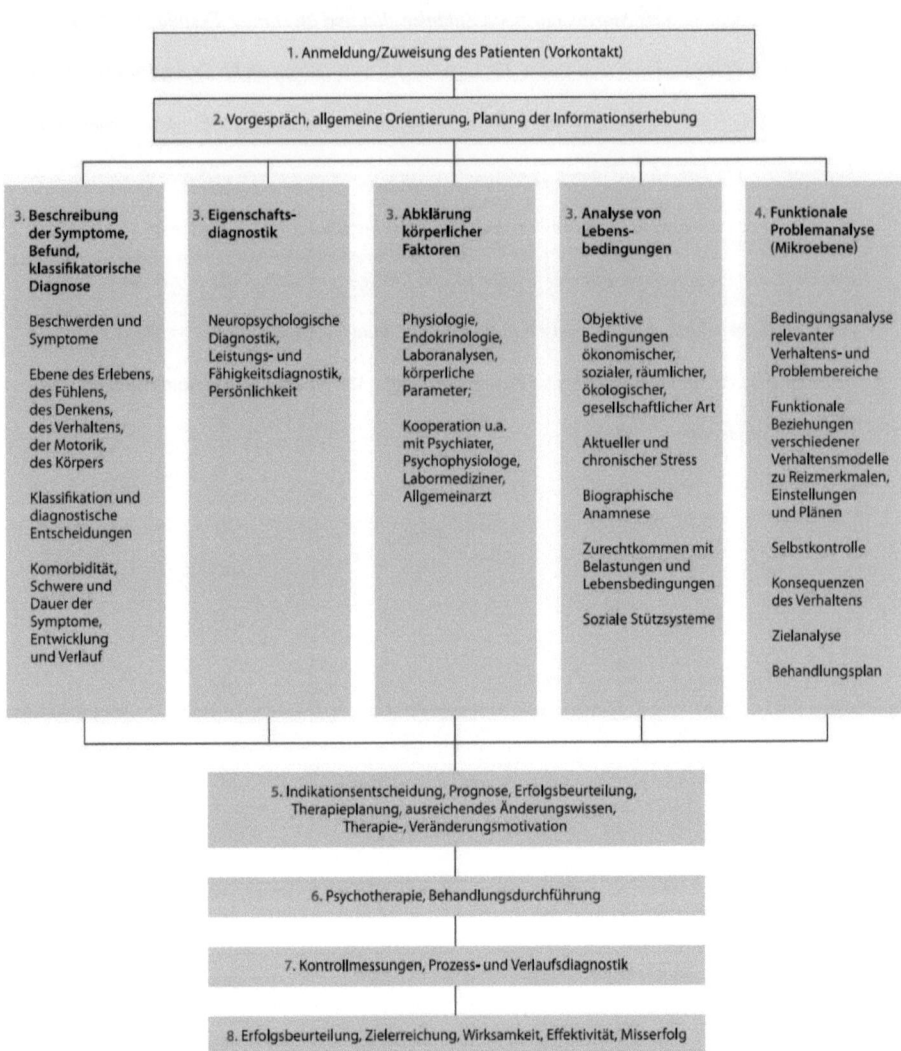

Abbildung 4: Diagnostischer Prozess
Quelle: Wittchen, Hoyer (2011) S.386

Auf Abb. 4 ist der diagnostische Prozess zu sehen. Mit dem Erstkontakt beginnt jeder diagnostische Prozess. Ziel des Erstkontakts ist es, einen allgemeinen Eindruck des Patienten und seiner Beschwerden und Problemen zu gewinnen. Ferner dient der Erstkontakt als Basis für eine vertrauensvolle Therapeuten-Klienten Beziehung. Dem Patienten wird im Erstkontakt die Möglichkeit gegeben über seine persönlichen Aspekte seiner Beschwerden zu reden. Die Gesprächseröffnung ist von verschiedenen Vorinformationen und dem Setting abhängig, so wird in manchen Einrichtungen bereits bei der Kontaktaufnahme das Hauptproblem des Patienten erfragt und z.B. ein Problemfragebogen ausgehändigt. Das Vorliegen von Vorinformationen bietet dem klinischen Untersucher ein breites Möglichkeitsspektrum an Vorgehensoptionen im Erstkontakt. Bspw. kann der Untersucher direkt nach der Begrüßung Bezug auf die Vorinformationen nehmen. I.d.R. beginnt der Prozess anschließend mit der Frage nach den Hauptproblemen/Hauptbeschwerden des Patienten. Dieser Schritt kann mithilfe strukturierter diagnostischer Instrumente erfolgen oder aber in freier Exploration. An dieser Stelle ist bereits zu beachten, dass das Verhalten des Patienten durch das Verhalten des Untersuchers beeinflusst werden kann, wodurch subjektive Beurteilungsfehler und Fehlschlüsse entstehen können. Der Erstkontakt dient der Gewinnung eines groben Überblicks und sollte ca. 15-20 Minuten dauern. Eine zu schnelle Fokussierung auf ein Problem sollte vermieden werden, da es so zu einer voreiligen Festlegung auf scheinbar zentrale Probleme kommen kann (Vgl., Wittchen & Hoyer, 2011, S. 389 f). Die Informationen des anfangs genannten Beispiels wären in diesem Teil des diagnostischen Prozesses entstanden.

Der nächste Schritt im diagnostischen Prozess umfasst die zu differenzierende klassifikatorische Störungsdiagnostik. Als Basis hierfür dient die Einteilung der Symptome in die Klassifikationssysteme DSM/ICD sowie eine umfangreiche und detaillierte Beurteilung des psychopathologischen Befunds. Der Befund besteht aus dem Längsschnittbefund, also der Störungsanamnese und aus dem Querschnittbefund. Der Querschnittbefund wird aus verschiedenen Instrumenten heraus erhoben, wie z.B. aus Selbst- und Fremdbeurteilungsskalen. Hierbei muss der Patient stets über die Durchführung und den Zweck des Tests aufgeklärt werden. Medizinische oder psychologische Tests allein lassen keine eindeutige Diagnose Stellung zu, sie können jedoch für die Beurteilung und Aufdeckung relevanter Merkmale des Patienten, wie z.B. Stimmungen, Motivationen und Wertvorstellungen eingesetzt werden (Vgl., Wittchen & Hoyer, 2011, S. 390 f).

Unter dem Begriff der Anamnese wird die längsschnittliche Betrachtung der Störungsentwicklung erhoben. Diese beinhaltete die zeitliche Entwicklung von Störungen, Symptomen und Syndromen und spielte eine wichtige Rolle in der Differentialdiagnostik und der Diagnostik. Die in der Anamnese erhobenen Daten und Informationen dienen der Einhaltung der differentialdiagnostischen Regeln der einzelnen Klassifikationssystemen. Ferner erlauben die gesammelten Informationen einen Blick auf wichtige ätiologische, pathogenetische und therapiebezogene Hinweise. Längsschnittinformationen nehmen im Bereich des klassifikatorischen und therapeutischen Kontext eine wichtige Rolle ein, da einige Diagnosen ausschließlich unter bestimmten im Lebenslauf vorhandenen Bedingungen gestellt werden können. So z.B. die Depression, allerdings nur wenn bis dato keine manische Episode aufgetreten ist (Vgl., Wittchen & Hoyer, 2011, S. 391 f). Betrachtete man nun den Lebenslauf von Marius würde der Therapeut im Lebenslauf von Marius verschiedenen schon in der Vergangenheit vorliegende depressive Episoden entdecken. Betrachtet man die Diagnosekriterien des ICD-10 so könnten nun verschiedene, wahrscheinliche Diagnosen am Fallbeispiel Marius aufstellen. Anhand des ICD-10 und der genannten Symptome ließ sich eine mittelgradige depressive Episode, im ICD-10 unter F.32.1 zu finden, feststellen. Durch die vorliegenden Längsschnittinformationen der Mutter und Marius würde außerdem ein Rezidiv vorliegen, dies würde die Diagnose rezidivierende depressive Störung (F.33.-) bzw. zu rezidivierende depressive Störung, gegenwärtig mittelgradige Episode (F33.1) begründen. Grund hierfür sind die Symptome von Marius, die bereits in der Vergangenheit immer wieder vorlagen (Vgl., Deutsches Institut für Medizinische Dokumentation und Information, 2019, o.S.). Zusätzlich zum ICD das im europäischen Sprachraum und für das Gesundheitssystem in Deutschland ausschlaggebend ist, wird in forschungsorientierten Einrichtungen häufig zusätzlich das DSM zur Klassifikation eingesetzt. Beide Klassifikationssysteme sind zur operationalen und deskriptiven Diagnostik ausgerichtet (Vgl., Schmidt-Atzert et al., 2012, S. 510).

Die Erhebung von Längsschnittinformationen, also der Anamnese, des psychopathologischen Befunds und der Ableitung von Diagnosen ist durch die Entwicklung umfangreicher diagnostischer Interviewsysteme möglich. Interviewsysteme werden bezüglich ihres Formalisierungsgrades in halb-strukturierte, strukturierte und standardisierte Interviews unterschieden (Vgl., Wittchen & Hoyer, 2011, S. 392 f). Studien konnten zeigen, dass psychische Störungen gut anhand strukturierter, halbstrukturierter und standardisierter Interviews erfasst werden können. Dabei lässt sich die Güte des Interviews durch bspw. die Ausbildung des Interviewers und die Methodik des Verfahrens beeinflussen. Dabei zeigen standardisierte Interviews, wie z.B. das

Composite International Diagnostic Interviews eine höhere Reliabilität als Interviewverfahren, welche klinische Einschätzungen des Interviewers beinhalten, wie z.b. das strukturierte klinische Interview für DSM Diagnosen (SKID). Die Vorteile computergestützter liegen darin, dass Interviews auch von Interviewern geführt werden können, die nicht im klinischen Bereich tätig sind und Erfahrung im klinischen Bereich mitbringen. Computergestützte Verfahren liefern auch die Diagnosevorschläge computerisiert ab. Nachteil eines solchen Verfahrens ist die begrenzte Spezifität, die sich bereits bei geringer Ausprägung einer Störung als vorhanden erkennen lässt (Vgl., Schmidt-Atzert et al., 2012, S. 514 ff) & (Vgl., Wittchen & Hoyer, 2011, S. 394). Das Vorliegen einer psychischen Störung lässt sich durch eine kategoriale Beurteilung, unter der Verwendung standardisierter oder strukturierter Interviews darstellen. So ließen sich die oben genannten wahrscheinlichen Diagnosen von Marius bestätigen oder verwerfen. Im Rahmen des Fallbeispiels wird die Diagnose rezidivierende depressive Störung (F33.-) durch das Interviewverfahren bestätigen. Anschließend lassen sich durch psychometrische Verfahren dimensionale Aspekte und Aussagen über die bestehende psychische Störung treffen. So könnte im Fallbeispiel Marius eine Aussage über den vorliegenden Schweregrad der Depression getroffen werden. Dies würde z.b. mithilfe des Depressionsinventars nach Beck, ein Testverfahren zur Erfassung depressiver Symptome festgestellt werden. Im Fall von Marius käme es dann zur Diagnose rezidivierende depressive Störung, gegenwärtig mittelgradige Episode (F33.1) (Vgl., Schmidt-Atzert et al., 2012, S. 516).

Psychometrische Verfahren beinhalten verschiedene Vorgehensweisen und Instrumente. Das Fragebogenverfahren bietet bspw. die Erfüllung wichtiger methodischer Anforderungen wie die Validität, die Objektivität und die Reliabilität. Das Fragebogenverfahren stellt im Kontext der psychometrischen Verfahren eine zeitsparende und kostengünstige Methode dar. Besonders im Bereich der Diagnostik bei Kindern und Jugendlichen stellen Beobachtungsverfahren eine wichtige Rolle dar. Beobachtungsverfahren weisen jedoch eine ungenügende Validität und Reliabilität auf, als Beispiel können hier Verzerrungen und die mangelhafte Repräsentativität genannt werden. Im Vordergrund der Problem-, Verhaltens,- und Plananalyse steht die Diagnostik funktionaler Zusammenhänge. Eine Analyse kann therapeutische Ziele und Indikationen für eine therapeutische Intervention festhalten. Die Verhaltensanalyse zeichnet sich durch die Betrachtung psychischer Störungen als Problem aus, welches das beobachtbare Verhalten sowie das persönliche Erleben und die körperlichen Zustände und Reaktionen beeinflusst. Die Problemanalyse ist für die Erfassung und die Exploration des Problems und der Symptomatik auf den verschiedenen Ebenen der Emotionen, des Verhaltens, der Physiologie und der

Kognitionen zuständig. Sie zielt darauf ab, eine psychologische Erklärung für das vorliegende Problem herbeizuführen und zu erstellen (Vgl., Schmidt-Atzert et al., 2012, S. 516-522).

Noch vor dem Treffen therapeutischer Entscheidungen und dem Umsetzten von Maßnahmen, muss eine entsprechende Indikation getroffen werden. Die Indikationsstellung führt zu drei Fragestellungen, ist eine Psychotherapie beim Betroffenen angezeigt, welche Maßnahme ist exakt angezeigt und wie die Maßnahme an den Einzelfall angepasst werden kann. Schlussendlich stellt sich die Frage nach der für den Patienten passenden Behandlung, die für den Patienten am effektivsten ist und durch wen sie durchzuführen ist. Diese Entscheidungen lesen sich z.B. in sog. Behandlungsleitlinien (Vgl., Schmidt-Atzert et al., 2012, S. 528 f). Fall von Marius stünde hier die Diagnose einer Depression, diese Diagnose würde für verschiedene Behandlungsstrategien lt. Behandlungsleitlinie sprechen. Zum einen käme eine medikamentöse Behandlung in Frage sowie eine kognitive Verhaltenstherapie, um dysfunktionale Schemata und Bewertungen, die für eine Depression typisch sind aufzubrechen (Vgl., Caspar et al., 2018, S. 61).

Selbst mit Beginn der Intervention ist der diagnostische Prozess noch nicht abgeschlossen, denn auch während der Intervention werden fortlaufend neue Informationen über den Verlauf der Therapie benötigt und die Auswirkungen der Therapie auf den Betroffenen benötigt. Der Therapeut prüft ob der Kontakt zwischen Patienten und Therapeut herzustellen ist oder nicht. Reagiert der Patient positiv auf die Intervention und das allgemeine Vorgehen oder Werden neue diagnostische Informationen, die zur Veränderung der Intervention führen benötigt? (Vgl., Wittchen & Hoyer, 2011, S. 414 f). Marius würde im Idealfall eine Verminderung seiner Symptomatik bemerken, der Leidensdruck auf Marius würde sich verringern.

Literaturverzeichnis

Bengel, J. & Lyssenko, L. (2012). Resilienz und psychologische Schutzfaktoren im Erwachsenenalter. Advance online publication. https://doi.org/10.4126/38m-005111600

Berking, M. & Rief, W. (Hg.). (2012). Springer-Lehrbuch. Klinische Psychologie und Psychotherapie für Bachelor: Band I: Grundlagen und Störungswissen Lesen, Hören, Lernen im Web. Springer. https://doi.org/10.1007/978-3-642-16974-8

Caspar, F., Pjanic, I. & Westermann, S. (Hg.). (2018). Basiswissen Psychologie. Klinische Psychologie. Springer VS. https://doi.org/10.1007/978-3-531-93317-7

Egle, U. T., Hoffmann, S. O. & Steffens, M. (1997). Psychosoziale Risiko- und Schutzfaktoren in Kindheit und Jugend als Prädisposition für psychische Störungen im Erwachsenenalter. Gegenwartiger Stand der Forschung [Psychosocial risk and protective factors in childhood and adolescence as predisposition for psychiatric disorders in adulthood. Current status of research]. Der Nervenarzt, 68(9), 683–695. https://doi.org/10.1007/s001150050183

Ehlert, U. (2011). Verhaltensmedizinische Grundlagen, In: Wittchen, H.U., Hoyer, J. (Hrsg.), Klinische Psychologie & Psychotherapie, Heidelberg, S.287-300

Ertle, A., Joormann, J., Wahl, K. & Kordon, A. (2009). Sagen dysfunktionale Kognitionen den Therapieerfolg voraus? Zeitschrift für Klinische Psychologie und Psychotherapie, 38(1), 44–51. https://doi.org/10.1026/1616-3443.38.1.44

Holtmann, M. (Hg.). (2008). Psychiatrische Syndrome nach Hirnfunktionsstörungen, In: H. Remschmidt & H. Schmidt. Manuale psychischer Störungen bei Kindern und Jugendlichen. Berlin-Heidelberg: Springer.

Kasten, E. & Schönberg, L. (Hg.). (2016). Psychische Störungen bei schweren somatischen Erkrankungen, in: Schnell, T. (Hrsg.), Praxisbuch: Moderne Psychotherapie, Heidelberg, S.139-163

Kuehner, C. & Weber, I. (1999). Responses to depression in unipolar depressed patients: an investigation of Nolen-Hoeksema's response styles theory. Psychological medicine, 29(6), 1323–1333. https://doi.org/10.1017/s0033291799001282

Mühlig, S. & Poldrack, A. (2011). Kognitive Therapieverfahren, in: Wittchen, H.U., Hoyer, J. (Hrsg.), Klinische Psychologie & Psychotherapie, Heidelberg, S.543-564

Oerter, R., Altgassen, M. & Kliegel, M. (2011). Entwicklungspsychologische Grundlagen, In: H.-U. Wittchen & J. Hoyer (Hrsg.). Klinische Psychologie und Psychotherapie (2. Aufl.). S.301-335. Berlin-Heidelberg: Springer.

Petermann, F., Maercker, A., Lutz, W. & Stangier, U. (Hg.). (2018). Bachelorstudium Psychologie. Klinische Psychologie - Grundlagen (2. Aufl.). Hogrefe.

Radkovsky, A. & Berking, M. (2012). Kognitive Verhaltenstherapie, in: Berking, M., Rief, W. (Hrsg.), Klinische Psychologie und Psychotherapie für Bachelor – Band II: Therapieverfahren, Heidelberg, S.23-43

Roos, J., Dörfler, T., Gerrig, R. J. & Zimbardo, P. G. (Hg.). (2018). PS. Psychologie (21. Aufl.). Pearson.

Rothgangel, S., Schüler, J. & Müller, B. (2010). Kurzlehrbuch Medizinische Psychologie und Soziologie: Mit Faktentrainer; 28 Tabellen (2., überarb. Aufl.). Thieme.

Saltzman, K. M. & Holahan, C. J. (2002). Social Support, Self-efficacy, And Depressive Symptoms: An Integrative Model. Journal of Social and Clinical Psychology, 21(3), 309–322. https://doi.org/10.1521/jscp.21.3.309.22531

Schmidt-Atzert, L., Amelang, M. & Fydrich, T. (Hg.). (2012). Springer-Lehrbuch. Psychologische Diagnostik: Mit 82 Tabellen (5. Aufl.). Springer. https://doi.org/10.1007/978-3-642-17001-0

Stice, E., Ragan, J. & Randall, P. (2004). Prospective relations between social support and depression: differential direction of effects for parent and peer support? Journal of abnormal psychology, 113(1), 155–159. https://doi.org/10.1037/0021-843X.113.1.155

WERNER, E. (1992). The children of Kauai: Resiliency and recovery in adolescence and adulthood1. Journal of Adolescent Health, 13(4), 262–268. https://doi.org/10.1016/1054-139X(92)90157-7

Wittchen, H. U. & Hoyer, J. (2011). Diagnostische Prozesse in der klinischen Psychologie und Psychotherapie, In :Wittchen, H.U., Hoyer, J. (Hrsg.), Klinische Psychologie & Psychotherapie, Heidelberg, S.383-418

Online-Literaturverzeichnis

Deutsches Institut für Medizinische Dokumentation und Information. ICD-10-GM Version 2019. https://www.dimdi.de/static/de/klassifikationen/icd/icd-10-gm/kode-suche/htmlgm2019/block-f30-f39.htm, abgerufen am 15.09.2020 um 23:28 Uhr

Sebastian Mauritz. Vulnerabilitäts-Stress-Modell. https://www.resilienz-akademie.com/vulnerabilitaets-stress-modell/, abgerufen am 14.08.2020 um 15:37 Uhr